Das Bilderbuch »Die Geschichte vom Löwen, der nicht schwimmen konnte«

INHALTSANGABE

b.1

Ein Hinweis vorab: Das Bilderbuch hat keine Paginierung. Für Querverweise und die KVs wird folgende Seitenzählung verwendet: S. 1 startet auf der ersten rechten Bilderbuchseite mit den Forellen, S. 2 ist dann das Impressum usw. Es ist sinnvoll, die Seiten für die Arbeit in der Schule ebenfalls mit Bleistift zu paginieren.

Vielen Kindern und VorleserInnen ist der Löwe schon bekannt. Mithilfe seiner geliebten Löwin hat er bereits lesen und zählen gelernt. In dieser Geschichte wagt er erneut den Sprung ins kalte Wasser – diesmal buchstäblich, seiner Frau zuliebe.

Bisher macht der Löwe Katzenwäsche. Das Schwimmen ist seiner Meinung nach nur etwas für Schwäne. Eines Tages liegt seine Frau, die schöne Löwin, auf einem Hügel am Flussufer und liest einen Roman. Sie wird von der Schneeschmelze überrascht und der Hügel verwandelt sich in eine Insel. Scheinbar verzweifelt bittet sie den Löwen um Hilfe. Doch der ist hilflos, da er nicht schwimmen kann. Die Tiere im See geben ihm gerne Rat: Der pragmatische Frosch schlägt vor: »Spring rein und tauch rüber.« (S. 11) Die Ente ist schon etwas hilfreicher. Sie erklärt dem Löwen genau, wie man schwimmt (S. 13). Das Krokodil empfiehlt, sich einfach treiben zu lassen (S. 14). Die Forellen widersprechen, denn »wer hier nur treibt, der treibt auch mal ab« (S. 17). Sie raten, immer das Ziel vor Augen zu haben. Der Floh schlägt vor, zu springen (S. 18), der Vogel, zu fliegen (S. 19).

Der Löwe selbst hat auch ein paar Ideen parat, um seine Geliebte zu retten: mit Boot, Flugzeug, Brücke oder einem Wunder (S. 20). Doch die Grille bringt ihn mit der ernüchternden Wahrheit auf den Boden der Tatsachen zurück: Was dem Löwen fehle, sei einfach nur Mut (S. 23). Das kann der Löwe nicht auf sich sitzen lassen: Erzürnt stürzt er sich in die Fluten und sinkt. Doch dann besinnt er sich auf die Ratschläge der Tiere und schwimmt zur Löwin (S. 24–28)!

Sie springt gleich ins Wasser und macht sich mit dem Löwen auf den Rückweg. Doch was ist das? Sie kann schwimmen, sogar schneller als der Löwe (S. 31)! Der ist perplex und stellt sie zur Rede, warum sie ihn um Hilfe gebeten hat (S. 33). Liebevoll erklärt sie ihm, sie habe es nur ihm zuliebe gemacht, damit er auch mal ein Bad nimmt (S. 35).

Ergänzt wird die witzige Geschichte von Martin Baltscheit durch ausdrucksstarke Acrylbilder im Comicstil.

BILDERBUCHANALYSE

Der Text

Im Unterschied zur Vorgänger-Geschichte »Die Geschichte vom Löwen, der nicht schreiben konnte« ist diese Erzählung in Reimform geschrieben.

Bei der typografischen Gestaltung wurde die wörtliche Rede der Tiere hervorgehoben. Teilweise ist der Redeanteil farbig markiert. Für die Löwin wurde Hellbraun verwendet, der Frosch und die Forelle sind weiß, die Ente ist blau, der Floh braun, die Grille grün. Einige Textteile fallen durch ihre Größe auf. Die Schriftgröße korrespondiert mit der Lautstärke, in der gesprochen wird. Der Löwe brüllt dabei besonders laut (S. 5, 20, 23).

Die Geschichte beginnt mit der Feststellung, dass der Löwe das Wasser scheut und nicht schwimmt. Kurz darauf gerät die Löwin in Seenot und bittet ihn um Hilfe (S. 8). Auch die anderen Tiere fordern ihn auf, seiner männlichen Pflicht nachzukommen, und erteilen der Reihe nach Ratschläge. Der Frosch kennt sich aus und ist wenig einfühlsam: »Schwimmen ist einfach, spring rein und tauch rüber.« (S. 11) Die Ente erklärt ausführlich die Schwimmbewegungen (S. 13). Das Krokodil ist überheblich: »Ein Schwimmer mit Klasse, schwimmt lieber mit Ruhe.« (S. 14) Außerdem sagt es lapidar: »Und wenn du's nicht kannst, dann lass es halt bleiben!« (S. 14) Der Rat der Fische ist philosophischer Art. Sie ermutigen den Löwen, gegen den Strom zu schwimmen und das Ziel niemals aus dem Blick zu verlieren (S. 17). Der Floh rät, zu springen (S. 18), ein Vogel, zu fliegen (S. 19).

Auch dem Löwen fallen einige Lösungen und Hilfsmittel ein: Schwimmen mit Flossen, ein Boot, ein Flugzeug, Brücke, Düsenantrieb – oder ein Wunder (S. 20).

Die kleine Grille bringt's auf den Punkt: »Was du brauchst, ist einfach nur Mut!« (S. 23) Damit packt sie den Löwen bei seinem Ehrgefühl. Dies bildet den ersten Höhepunkt der Erzählung. Als sie ihn dann noch als feige bezeichnet, wagt der Löwe schließlich den Sprung ins kalte Wasser.

Doch der Löwe muss feststellen, dass die Löwin ihn hereingelegt hat. Denn sie kann schwimmen, sogar besser als er. Sie wollte ihn nur zum Baden ins Wasser locken. Dies ist der zweite Höhepunkt. Doch er kann der geliebten Löwin nicht böse sein und verzeiht ihr die List.

Für jüngere Kinder sind sicher einige Wörter oder Redewendungen unbekannt und bedürfen der Erklärung: Getue (S. 14), ein Schwimmer mit Klasse (ebd.), Satz (im Sinne von Sprung, S. 18), Zunder (S. 20), lupft (S. 23), mit Bedacht (S. 35).

Die Bilder

Auf den Bildern dominieren Braun-, Blau- und Grüntöne. Die meisten Illustrationen sind großflächig doppelseitig angelegt und collageartig gestaltet. Auf manchen Seiten lockern kleine Bilder den Text auf.

Auf dem Coverbild ist der Löwe etwas lächerlich dargestellt: Schwitzend strampelt er im Schwimmring durch das Wasser. Die erste Doppelseite (S. 4/5) entspricht wohl eher dem Selbstbild des Löwen: Grimmig und selbstbewusst macht er sich über das Baden lustig. Im Laufe der Geschichte ist der Wandel seiner Stimmung deutlich an Mimik und Gestik abzulesen.

Die Löwin wird, wie in den bisherigen Geschichten, mit rosa Sonnenbrille dargestellt (S. 7, 9, 29, 31, 34/35) und geht ihrer Lieblingsbeschäftigung nach, dem Lesen.

Bild-Text-Zusammenhang

Die Bilder unterstreichen die Textaussage und ergänzen sie, indem sie z. B. die Gefühlslage des Löwen darstellen, die im Text wenig erwähnt wird. Aus dem grimmigen Löwen auf der ersten Doppelseite wird ein immer verzweifelterer. Zunächst blickt er kläglich drein (S. 10 und 13) und wird dann immer wütender (S. 19 und 23). Unter Wasser sieht der Löwe etwas unglücklich aus. Erleichterung und Freude zeigt sein Gesicht, als er bei der Löwin ankommt (S. 28 und 30). Diese weicht ungläubigem Staunen (S. 32) angesichts der Schwimmkünste der Löwin. Am Ende lächelt der Löwe die Löwin glücklich an (S. 35).

DEUTUNGSPERSPEKTIVEN b.3

Martin Baltscheits Bilderbuch bietet vielfältige Deutungsperspektiven. Es kann sowohl im Kindergarten als auch in der Grundschule eingesetzt werden. Die Geschichte des Löwen lässt sich auf unterschiedlichen Ebenen lesen und verstehen.

Auf der ersten Ebene zeigt die Geschichte, dass es Mut erfordert, um Hindernisse zu überwinden. Nachdem der Löwe sich in die Fluten gestürzt hat, setzt er die Ratschläge der verschiedenen Tiere um und kommt zum Ziel.

Kindern vermittelt die Geschichte die Einsicht, dass Lernprozesse wichtig sind. Man muss zuerst sein Defizit erkennen. Dann kann man versuchen, mithilfe anderer sein Defizit anzugehen. Doch letztendlich ist die Überwindung des Problems nur durch Mut und das eigene Lernen möglich.

Erst ältere Schüler/innen und Erwachsene sind in der Lage, die Manipulation der Löwin zu durchschauen. Sie musste gar nicht gerettet werden, sondern hat sich eines Tricks bedient, um den ungewaschenen Löwen ins Wasser zu locken.

Die Hauptfigur, der Löwe, macht eine Entwicklung innerhalb der Geschichte durch. Zu Beginn wird er selbstzufrieden und herrisch gezeigt (S. 4 ff.). Ratlos (S. 10) bis zornig (S. 23) reagiert er auf die Ratschläge der Tiere, die nicht seinen Vorstellungen entsprechen. Doch am Ende ist er versöhnt und seine Liebe zur Löwin verzeiht ihr »das Theater«.

 Didaktische Überlegungen

d.1 · · · · DIDAKTISCHES PROFIL DES BILDERBUCHS ·

Didaktisches Potenzial liegt in der Verknüpfung von vertrauten, assimilativen und eher neuen, akkomodativen Aspekten.* Bei »Die Geschichte vom Löwen, der nicht schwimmen konnte« sorgen vertraute Charakteristika des Bilderbuchs dafür, dass die Kinder bzw. Schüler/innen von sich aus einen Zugang zum Buch finden können und dass Anknüpfungsmöglichkeiten für eine eigene Deutung vorhanden sind (Assimilation). Dieser Aspekt betrifft das lesefördernde Potenzial. Neue, zusätzliche Anforderungen, die das Buch an ein Verstehen der Kinder stellt, betreffen eher den Bereich des literarischen bzw. kunsttheoretischen Lernens. Im Überblick lässt sich das didaktische Profil folgendermaßen skizzieren:

* Vgl. Rank, Bernhard (2005): Leseförderung und literarisches Lernen. In: Lernchancen, 8. Jg., Heft 44, S. 4–9.

Dimension des Textes	Das Vertraute: Möglichkeit zur Assimilation (Leseförderung)	Das Neue: Notwendigkeit zur Akkomodation (literarisches Lernen)
Wirklichkeitsbezug	▸ Fantastische Elemente ▸ Textgattung Tiergeschichte	▸ Irritierende Elemente: Tiere sprechen
Thematik	▸ Gefühle (Wut, Ungeduld, Liebe) ▸ Schwimmen können ▸ Umgang mit Unvermögen	▸ Geschlechterrollen ▸ Einzigartigkeit jedes Individuums
Figuren	▸ Löwe und Löwin als Identifikationsfigur für Jungen und Mädchen	▸ Entwicklung der Hauptfigur ▸ Dominanz der Löwin-Figur
Sprache/Stil	▸ Reime ▸ Wörtliche Rede	▸ Ironische Andeutungen ▸ Ironische Bildelemente
Bildebene/Layout	▸ Comicstil der Bilder	▸ Bildsprache: Einstellungsgröße, Einstellungsperspektive ▸ Mimik und Gestik der Figuren ▸ Typografische Gestaltung
Literarische Formelemente/Erzählkonzept	▸ Erzählzeit Präsens ▸ Personaler Erzähler ▸ Lineares Erzählen ▸ Episodische Struktur ▸ Spannungsbogen	▸ Unerwartetes Ende

»METHODENKISTE« DEUTSCHUNTERRICHT · · · · · · · · · · · · · · · (d.2)

Der Einsatz von Bilderbüchern im Grundschulunterricht knüpft im günstigen Fall an die Vorerfahrungen der Kinder mit Bilderbüchern im Kindergarten und in der Familie an und führt diese differenziert weiter. Bilderbücher können in nahezu allen Arbeitsbereichen des Grundschulunterrichts eingesetzt werden: Erstlesen, weiterführendes Lesen, Sprechen und Hören, Schreiben, Bildende Kunst, Musik, Sachunterricht und im Fremdsprachenunterricht. Dabei eignen sich Bilderbücher gerade zum Einsatz in fächerübergreifenden Kontexten.

Im Folgenden sind Vorschläge für mögliche Arbeitsweisen mit »Die Geschichte vom Löwen, der nicht schwimmen konnte« im Deutschunterricht aufgeführt. Im Vordergrund steht dabei die Verknüpfung mit anzustrebenden Kompetenzen, wie sie in den »Bildungsstandards im Fach Deutsch für den Primarbereich« zu finden sind. Zahlreiche methodische Möglichkeiten sprechen mehrere Bildungsstandards an. Zum Zwecke der Übersichtlichkeit wird jeweils ein Bildungsstandard des Bereichs 3.3 »Lesen – mit Texten und Medien umgehen« exemplarisch herausgegriffen. Häufig lassen sich auch evidente Bezüge zu den Bildungsstandards der anderen Bereiche herstellen. Darüber hinaus stehen die methodischen Möglichkeiten in Verbindung mit einem fächerübergreifenden Ansatz (v.a. mit dem Sach- und dem Kunstunterricht), der sich je nach Klassensituation, Vorwissen und Interessen der Schüler/innen modifizieren lässt.

Bildungsstandards	Methoden	Beispiele
→ Über Lesefähigkeit verfügen		
• Lebendige Vorstellungen beim Lesen und Hören literarischer Texte entwickeln	• Das Buch sinngestaltend vorlesen	• Ganzes Buch, Rollen: Erzähler/in, Löwe, Frosch, Ente, Krokodil, Forelle, Floh, Vogel, Grille, Löwin
→ Über Leseerfahrungen verfügen		
• Kinderliteratur kennen: Werke, Autoren und Autorinnen, Figuren, Handlungen	• Fachbegriffe einführen und anwenden, z.B. Titel, Autor, Illustrator, Verlag, Umschlagtext, Zeile	• Fachbegriffe anhand des Buchs besprechen und anwenden
	• Weiteres Buch von Martin Baltscheit kennenlernen	• »Die Geschichte vom Löwen, der nicht schreiben konnte«
		• »Die Geschichte vom Löwen, der nicht zählen konnte«
→ Texte erschließen		
• Verfahren zur ersten Orientierung über einen Text nutzen	• Titelbild und Umschlagtext untersuchen • Textantizipationen äußern	• Lesen, ansehen, sich äußern
	• Das Bilderbuch überfliegend betrachten bzw. lesen	• Anschließend Gespräch mit der Lerngruppe
	• Einzelne Bilder genau beschreiben	• S. 18/19 • S. 26/27 • S. 32/33 • Auswahl treffen im ganzen Bilderbuch → k.9
• Gezielt einzelne Informationen suchen	• Fragen zum Text beantworten	• Zum ganzen Bilderbuch → k.5 • Zu Seite 4 bis 20 → k.6
	• Die Gedanken und Gefühle der Hauptfigur herausarbeiten	• Ein Stimmungsbarometer des Löwen erstellen
	• Figuren charakterisieren	• Eigenschaften des Löwen
• Texte genau lesen	• Veränderten Text vorlesen oder vorgeben, Vergleich mit dem Original	• Bestimmte Textstellen

Bildungsstandards	Methoden	Beispiele
• Texte mit eigenen Worten wiedergeben	• Den Inhalt des Buchs mit eigenen Worten wiedergeben	• Mithilfe von Bildern, Moderationskarten, Stichwörtern oder Sätzen
	• Das Buch in Abschnitte gliedern	• Mögliche Gliederung: S. 4–9, 10–21, 22–28, 29–35
	• Überschriften zu den Abschnitten finden	• Mögliche Überschriften sammeln
• Aussagen mit Textstellen belegen	• Aussagen zu einer Fragestellung suchen und Fundstellen angeben	• An welchen Stellen ändert sich das Schriftbild? • Welche Wirkung hat das?
• Eigene Gedanken zu Texten entwickeln	• Die Geschichte fortsetzen	• Reaktion des Löwen
	• Dem Text ohne Bilder begegnen	• Die Geschichte ohne Bilder lesen • Sich eigene Bilder zum Text überlegen
	• Leerstellen des Textes ausfüllen	• Text zu S. 32/33 verfassen
	• Dialoge zu weiteren Tier-Figuren erfinden	• Beispiel: Zebra
	• Sympathie/Antipathie zu den Figuren thematisieren	• »Was magst du an dem Löwen?« • »Was magst du nicht an dem Löwen?« • »Findest du es richtig, wie die Löwin handelt?«
	• Handlungen, Verhaltensweisen und Verhaltensmotive der Figuren bewerten	• »Verhalten sich die Tiere richtig?« • »Findest du die Löwin gemein?« → k.7
	• Ein thematisches Gespräch zum Buch führen	• Als ich noch nicht schwimmen konnte • Als ich einmal wütend/freundlich/mächtig war
	• Einen Brief an eine der Figuren verfassen, um eine Meinung zum Ausdruck zu bringen	Brief an den Löwen: • Leser/in schreibt ihm • Die Löwin schreibt ihm
	• Tagebucheintrag einer Figur verfassen	• Die Löwin schreibt am Ende des Tages in ihr Tagebuch
• Handelnd mit Texten umgehen, z. B. illustrieren, inszenieren, umgestalten, collagieren	• Eine Textstelle im Rollenspiel darstellen	• Ganzes Buch oder einzelne Abschnitte
	• Ein Bild bzw. eine Szene nachmalen	• Arbeitsteilig: Jede Schülerin und jeder Schüler übernimmt einen Textteil → k.9
	• Ein Bild selbst gestalten	• Beispiel: Ideen des Löwen (im Boot, auf der Brücke) • Ein Bild aus dem Bilderbuch aussuchen und malen → k.6
	• Weitere Tiere, die dem Löwen helfen, einfügen	• Wie können diese Tiere das Hindernis Wasser überwinden? • Gesamten Abschnitt der Begegnung mit dem Löwen schreiben
	• Standbilder prägnanter Szenen darstellen und erraten lassen	• S. 5, 23, 30/31
	• Die Geschichte aus anderer Perspektive erzählen	• Ich-Perspektive des Löwen • Perspektive der Löwin
	• Das Buch als Overhead-Theater gestalten	• Mithilfe von Folien und Folienstiften • Mit Trickfilm vergleichen (http://www.tivi.de/mediathek/kurzgeschichten-1175070/der-loewe-der-nicht-schwimmen-konnte-2765210/ bis 07.08.2018 sichtbar)
	• Einen Abschnitt bzw. das ganze Buch als Hörspiel umschreiben und aufnehmen	• Drehbuch mit Regieanweisungen schreiben • Geräusche erproben
	• Ein Parallel-Buch erstellen	• Zu dem gleichen Text ein neu gestaltetes Bilderbuch mit eigenen Bildern herstellen

→ Texte präsentieren

• Selbst gewählte Texte zum Vorlesen vorbereiten und sinngestaltend vorlesen	• Eine Textstelle auswählen • Auswahl begründen • Gestaltenden Lesevortrag vorbereiten und üben	• Diese Stelle fand ich besonders witzig/traurig/spannend …

VORSCHLÄGE FÜR EINE EINHEIT ZUM BILDERBUCH . . . . (d.3)

Zum Einstieg in die Arbeit mit dem Buch gibt es verschiedene Möglichkeiten. Das Titelbild kann groß kopiert und in die Mitte des Stuhlkreises gelegt oder an die Tafel gehängt werden. Die Schüler/innen beschreiben den Löwen, seine Mimik und Gestik. Sie stellen Vermutungen an, warum er schwimmen können müsste und warum er es noch nicht kann.

Es kann sich ein Gespräch über eigene Erfahrungen mit dem Schwimmen und dem Schwimmenlernen anschließen.

Dann wird das Bilderbuch präsentiert. Je nach technischen Möglichkeiten wird das Buch im Kinositz vorgelesen und gezeigt oder die Bilder werden eingescannt oder mit einem Visualizer an die Wand oder ein Whiteboard projiziert.

Das Bilderbuch kann ganz vorgestellt werden, oder das Vorlesen wird auf S. 20/21 bei den Lösungsideen des Löwen unterbrochen, um Vermutungen über den Fortgang der Handlung anzustellen. Die Kinder können ihre Fortsetzung malen und/oder aufschreiben.

Nach der Würdigung der Arbeitsergebnisse der Kinder kann dann die Fortsetzung des Bilderbuchs vorgestellt werden.

Es bietet sich an, bei einer erneuten Lektüre die Mimik und Gestik des Löwen zu imitieren, damit die Kinder die dargestellten Gefühle des Löwen noch besser nachvollziehen können.

Zur weiteren Arbeit mit dem Buch gibt es zahlreiche Möglichkeiten (vgl. »Methodenkiste«→ **d.2**).

Die Kopiervorlagen bieten eine Auswahl von Aufgaben zur Vertiefung auf verschiedenen Ebenen und Schwierigkeitsstufen. Sie können entweder im Klassenverband gemeinsam bearbeitet oder im Rahmen einer Lerntheke o.Ä. angeboten werden. Die Kinder wählen dann selbst die Reihenfolge der Bearbeitung der Aufgaben und tragen in einen Arbeitsplan ein, welche Aufgaben sie erledigt haben. In diesem Fall müssen nicht alle Aufgaben als kopierte Arbeitsblätter präsentiert werden. Von **k.1** können die Tierbilder groß kopiert und laminiert werden. Die Kinder bringen sie in die richtige Reihenfolge. Entweder schreiben sie die Tiernamen in ihr Heft oder ordnen vorgefertigte Wortkarten zu. **k.2** kann so aufbereitet werden, dass Sprechblasen und Figuren ausge-

schnitten und laminiert werden. Die Kinder ordnen dann allein oder in Partnerarbeit als Legespiel die passenden Karten zu. Auf der Rückseite der Karten kann eine Selbstkontrolle mit Symbolen oder Zahlen angeboten werden.

Die Angabe der Klassenstufe auf den Kopiervorlagen/im Inhaltsverzeichnis dient als Orientierung. Sicher können Schüler/innen, die im Lesen und Schreiben schon sicher sind, am Ende der ersten Klasse schwierigere Aufgaben bearbeiten. Umgekehrt können im zweiten Schuljahr manchen Kindern einfachere Aufgaben zur Differenzierung angeboten werden. Mit einem Sternchen gekennzeichnete Aufgaben sind etwas kniffliger und können als Zusatzaufgaben bearbeitet werden.

Einige der Ideen aus der Ideenkiste für den Kindergarten (**kg.1** und **kg.2**) können auch, eventuell in abgewandelter Form, in der Grundschule eingesetzt werden.

Es bietet sich an, dass die Kinder ihre Arbeitsblätter in einer Mappe sammeln. Dort können sie auch einen Schwimmpass abheften, den man als kostenloses Download auf der Homepage des Beltz-Verlages zum Ausdrucken findet (https://www.beltz.de/fileadmin/beltz/kostenlose-downloads/978-3-407-82118-8.pdf).

Ideen für den Kindergarten

DAS BILDERBUCH

Bilderbücher haben in vorschulischen Bildungs-einrichtungen – im Gegensatz zur Schule – schon immer einen festen Platz, meist im Rahmen der Sprachförderung, zur Wahrnehmungsschulung, zur Förderung emotionaler und sozialer Kompetenzen, der Fantasie und Kreativität oder auch zur Förderung des Weltwissens.

Im Zusammenhang der nach wie vor aktuellen Diskussion um die Ergebnisse der PISA-Studien und der neu erarbeiteten Orientierungspläne für Kitas auf Länderebene wird jedoch die Nutzung von Bilderbüchern in einem umfassenderen Sinn gefordert: als Chance, *Literacy* von Kindern im Elementarbereich gezielt zu fördern. *Literacy* bedeutet wörtlich »Lese- und Schreibkompetenz«. Der Begriff beinhaltet jedoch weit mehr als die Grundfertigkeiten des Lesens und Schreibens: Er umfasst Kompetenzen wie Textverständnis und Sinnverstehen, sprachliche Abstraktionsfähigkeit, Lesefreude, Vertrautheit mit Büchern, die Fähigkeit, sich schriftlich auszudrücken, Vertrautheit mit Schriftsprache oder mit literarischer Sprache oder sogar Medienkompetenz. Kinder mit reichhaltigen *Literacy*-Erfahrungen in der frühen Kindheit haben längerfristig Entwicklungsvorteile sowohl im Bereich der Sprachkompetenz als auch beim Lesen und Schreiben – und damit in den wesentlichen Grundpfeilern für eine erfolgreiche Bildungslaufbahn.

Zum Weiterlesen

- Albers, Timm: **Das Bilderbuch-Buch. Sprache, Kreativität und Emotionen in der Kita fördern.** Weinheim/Basel: Beltz, 2015.
- Rau, Marie Luise: **Literacy. Vom ersten Bilderbuch zum Erzählen, Lesen und Schreiben.** Bern/Stuttgart/Wien: Haupt, 2009.

Einstiegsmöglichkeiten

Umschlagbild (beide Seiten)
Das Umschlagbild wird (evtl. größer kopiert) der Gruppe gezeigt. Die Kinder beschreiben, welche Tiere sie sehen. Besondere Aufmerksamkeit bekommt der Löwe, der ungewohnt mit Schwimmring und leicht verzweifeltem Gesichtsausdruck dargestellt ist.

Plüschlöwe
Das Plüschtier wird der Gruppe gezeigt. Die Kinder benennen das Tier. Mit Fragen wie: »Woher kennst du dieses Tier?« oder »Was weißt du über dieses Tier?« wird biologisches und literarisches Vorwissen aktiviert.

Textpräsentation

Zum Vorlesen in der Großgruppe sitzen die Kinder im Stuhlhalbkreis, damit alle die Illustrationen sehen können.

Damit die Kinder die Möglichkeit haben, die Bilder genau zu betrachten, kann man die Geschichte nach der Präsentation in der Großgruppe noch einmal in kleinen Gruppen vorlesen.

Später sollte das Buch für alle Kinder auf einem Geschichtentisch oder in der Leseecke zugänglich sein.

Und so kann's weitergehen

Text rekonstruieren
An einem Tag nach der ersten Textbegegnung werden den Kindern im Kreis die Figuren, denen der Löwe begegnet, vorgelegt (Kopie von Löwe, Löwin, Frosch, Fisch, Ente, Krokodil, Floh, Vogel, Grille). Gemeinsam wird die Handlung rekonstruiert und nacherzählt. Die Kinder versuchen, die Bilder in der Reihenfolge zu legen, wie die Tiere im Text vorkommen.

Farben sammeln
»Welche Farben entdeckt ihr im Buch?« Die Kinder benennen die Farben. Tücher in den entsprechenden Farben können in den Kreis gelegt werden. Außerdem können sie Dinge im Gruppenraum oder im Freien suchen, die die gleiche Farbe haben.

WAS TIERE KÖNNEN

In der Geschichte werden verschiedene Tiere mit ihren Stärken (und Schwächen) vorgestellt. Dies kann zur Arbeit rund um das Thema Tiere und ihre Fähigkeiten genutzt werden.

Wortschatzarbeit

Es bietet sich hierzu an, die verschiedenen Tiere aus der Geschichte auf Karten zu kopieren. Es werden die Tiernamen (mit Begleitern) gesammelt. Danach werden Tätigkeiten in Form von Verben zugeordnet. Eine Sprechhilfe kann vorgegeben werden, z.B.: Der Floh kann springen.

Die so gesammelten Sätze können dann ausgebaut werden: Die Kinder sitzen im Kreis. Drei Kinder ergänzen nacheinander ein Wort, um den Satz länger und interessanter zu machen, z.B.:
Der Floh kann springen.
Der winzige Floh kann springen.
Der winzige Floh kann weit springen.
Der winzige Floh kann sehr weit springen.

Mit den gleichen Tieren kann besprochen werden, was sie nicht gut können. Die Kinder können Überlegungen anstellen, warum manche Tiere manches nicht können.

Höher, schneller, weiter

Manche Kinder sind sehr an Sachwissen über Tiere interessiert.
Hier ein paar Fakten über Tiere der Geschichte.

Floh:
- Ein Weibchen legt bis zu 2000 Eier in seinem Leben.
- Ein Floh kann 100 Tage ohne Blutmahlzeit überleben.
- Ein Floh kann 20 cm weit springen (das entspricht ca. 150-mal der eigenen Körpergröße).
- Flöhe sind taub und blind.

Krokodil:
- Krokodile können über kurze Strecken sehr schnell rennen.
- Krokodile schwitzen nicht, sie geben Hitze über ihren Mund ab.
- Krokodile haben 24 scharfe Zähne, aber sie kauen ihre Nahrung nicht.

- Krokodile essen nur ca. 50 Mahlzeiten im Jahr.
- Krokodile können über eine Stunde unbewegt unter Wasser auf Beute warten, ohne Luft zu holen.

Löwe:
- Die Löwenweibchen sind für die Jagd zuständig. Das Männchen darf aber zuerst fressen.
- Löwen schlafen 16 bis 20 Stunden pro Tag.
- Löwen können gut bei Nacht sehen.
- Löwen können bis zu 5 Tage ohne Wasser auskommen.
- Löwen können auf kurzen Strecken schnell laufen (65 km/h).

Was sind meine Stärken und Schwächen?

Man kann einen Bogen zur Kindergruppe schlagen und gemeinsam überlegen, was einzelne Kinder gut können und was sie nicht so gut können. Bei den Schwächen kann auch überlegt werden, wie man es schaffen könnte, eine noch nicht sehr ausgeprägte Fähigkeit zu stärken und zu verbessern. Der Löwe zeigt, dass es manchmal Mut braucht. Manchmal muss eine Fähigkeit auch geübt oder trainiert werden.

»METHODENKISTE« KINDERGARTEN

Im Folgenden werden Vorschläge für den möglichen Einsatz von »Die Geschichte vom Löwen, der nicht schwimmen konnte« im Kindergarten gemacht. Bezugspunkt aller Überlegungen ist der »Gemeinsame Rahmen der Länder für die frühe Bildung in Kindertageseinrichtungen«, verabschiedet von der Jugendminister- und der Kultusministerkonferenz 2004, der als übergreifende Richtlinie zu den Bildungsplänen und -empfehlungen der einzelnen Bundesländer verstanden werden kann. Auch wenn die länderspezifische Ausarbeitung dieses Rahmens unterschied-

lich ist, finden sich wesentliche Bildungsbereiche und Prinzipien der Bildungsarbeit in allen Plänen wieder.

Die pädagogische Arbeit in Kindertageseinrichtungen ist durch das Prinzip ganzheitlicher Förderung geprägt und sollte, wenn möglich, in Projekten stattfinden. »Die Geschichte vom Löwen, der nicht schwimmen konnte« eignet sich gut zur Verwirklichung dieser Vorgaben.

Bildungsbereich Sprache, Schrift, Kommunikation

Mögliche Inhalte	Methoden und Beispiele der Umsetzung
→ Ziel: Kinder lernen, ihr Denken sinnvoll und differenziert auszudrücken	
• Benennen, definieren, deuten	• Bilderbuchbetrachtung, Kreisgespräche, Spiele, Lieder, darstellendes Spiel, bildnerisches Gestalten
• Wortschatzerweiterung und Begriffsbildung	• Tiere, die im Buch vorkommen; Farben
• Umschreiben und weiterfantasieren	• Könnte der Löwe eine Brücke bauen? Was brauchte er dazu? Glaubt ihr, dass das gelingen würde?
• Bezüge zur Welt des Kindes schaffen	• Erfahrungen mit dem Schwimmen
→ Ziel: Sprachförderung, eingebettet in persönliche Beziehungen, Kommunikation und Handlungen	
• Einstiege zum Bilderbuch schaffen	• Andere Löwengeschichten vorlesen • Über das Thema Schwimmen sprechen
• Bilderbuch handelnd erarbeiten	• Buch vorlesen, anschließend mit wenigen Materialien in darstellendes Spiel umsetzen, wobei die Kinder zur Erzählung der Erzieherin spielen; in der Folge Kinder zunehmend auch in Erzählerrolle bzw. verbale Ausgestaltung der Rolle einbinden • Erzähltisch mit Materialien (z.B. Tierfiguren oder Bildkarten mit den Tieren) zur Verfügung stellen • Zentrale Bilder der Geschichte ordnen, aufkleben und/oder nacherzählen
→ Ziel: Zentraler Bestandteil sprachlicher Bildung sind kindliche Erfahrungen rund um Buch-, Erzähl- und Schriftkultur (Literacy)	
• Dialogische Bilderbuchbetrachtung	• Bilderbuch möglichst in der Kleingruppe betrachten • Kommunikation, Weiterblättern und Wiederholungen die Kinder bestimmen lassen • Benennen, Erklären, Deuten, Weiterspinnen der Bilder (»Ob der Löwe den Rat der Tiere umsetzt?«)
• Grundlegendes über Schrift und Buchkultur erfahren	• Buchcover, Autor, Titel • Leserichtung • Sowohl die Bilder als auch der Text enthalten Informationen • Einzelne Worte wie »Löwe« können evtl. wiedererkannt werden

Bildungsbereich personale und soziale Entwicklung, Werteerziehung/ religiöse Bildung

Mögliche Inhalte	Methoden und Beispiele der Umsetzung
→ Ziel: Erwerb sozialer Kompetenzen und orientierenden Wissens	
• Figuren in der Geschichte	• Welches Tier gibt nützliche Ratschläge? Welche sind nicht so hilfreich? • Die Löwin trickst den Löwen aus. Ist sie gemein? Warum oder warum nicht?
→ Ziel: Auseinandersetzung und Identifikation mit Werten und Normen	
• Übertragung auf die eigene Lebenswelt	• Verhalten des Löwen und seine Fähigkeiten zur Lösung des Problems thematisieren • Vorerfahrungen der Kinder und Beispiele aus dem Alltag mit einbeziehen

Bildungsbereich musikalische Bildung/Umgang mit Medien

Mögliche Inhalte	Methoden und Beispiele der Umsetzung
→ Ziel: Musische Bildung im Sinne von ästhetischer Bildung, musikalischer Früherziehung und künstlerischem Gestalten	
• Vertonung der Geschichte	• Geräusche zur Geschichte überlegen
• Bilder betrachten	• Farben suchen • Gestaltung einzelner Bilder untersuchen
• Bilder nachmalen bzw. gestalten	• Bildauswahl vorgeben • Kinder selbst Lieblingsbild aussuchen lassen
→ Ziel: Förderung der Fantasie und Kreativität sowie der personalen, sozialen, motorischen und kognitiven Entwicklung	
• Darstellendes Spiel	• Geschichte mit Masken oder Stabpuppen nachspielen
• Einen thematischen Hintergrund des Buchs vertiefen	• Tiere im Wasser

(i) Infoblätter

© Stephanie Weller

i.1 ..... ZUM AUTOR MARTIN BALTSCHEIT

Martin Baltscheit wurde 1965 in Düsseldorf geboren, wo er auch heute mit seiner Frau, Christine Schwarz, lebt.

Er studierte an der Folkwang-Schule in Essen Kommunikationsdesign. Seitdem ist er als Comic-Zeichner, Illustrator, Schauspieler, Kinderbuch-, Prosa-, Hörspiel-, Drehbuch- und Theaterautor tätig. 1996 wurde er für den »Max & Moritz-Preis« als bester deutscher Comiczeichner nominiert.

Er hat zahlreiche Bilderbücher illustriert und geschrieben sowie Theaterstücke, Hörspiele und Trickfilme für Kinder veröffentlicht.

Bücher (Auswahl)

- **Löwenväter singen nicht!**, Beltz 2017
- **Löwenherzen weinen nicht**, Beltz 2016
- **Schon gehört?**, Beltz 2014
- **Die Geschichte vom Löwen, der nicht bis 3 zählen konnte**, Beltz 2012
- **Die Geschichte vom Fuchs, der den Verstand verlor**, Beltz 2010
- **Ich und die Kanzlerin**, Boje 2009
- **Die Geschichte vom Löwen, der nicht schreiben konnte**, Beltz 2008
- **Der Sonnenwecker**, Bajazzo 2008
- **Felline, Professor Paul und der Chemiebaukasten**, tulipan 2007
- **Hauptsache es wird kein Hund**, bajazzo 2007
- **Zarah – Du hast doch keine Angst, oder?**, Bloomsbury 2007
- **Was ist eigentlich ein Tulipan?**, tulipan 2007
- **Major Dux**, Boje 2007
- **Der kleine Herr Paul im Schnee**, Altberliner Verlag 2006
- **Die Elefantenwahrheit**, Kinderbuchverlag Wolff 2006
- **Ich bin für mich**, bajazzo 2005
- **Der kleine Herr Paul macht Urlaub**, Altberliner Verlag 2005

- **Der Winterzirkus**, Fischer Schatzinsel 2005
- **Die Belagerung**, Bajazzo 2005
- **Da hast du aber Glück gehabt**, Fischer Schatzinsel 2005
- **Leuchte Turm, leuchte!**, Altberliner Verlag 2004
- **Der kleine Herr Paul**, Altberliner Verlag 2004
- **Gold für den Pinguin**, bajazzo 2004
- **Hokus Pokus, Sala Bim**, Fischer Schatzinsel 2002
- **Der einzige Vogel ...**, Illustration, Autor: Zoran Drvenkar, Carlsen 2001
- **Der Neue**, Alibaba 1998
- **Kurz der Kicker**, Alibaba 1997
- **Paul trennt sich**, Alibaba 1996
- **Lotte & Leo**, Tilsner 1994
- **Valerius, Zeitlos**, Carlsen 1994
- **Valerius, Vom Index bedroht**, Carlsen 1991

Auszeichnungen (Auswahl)

2016   Deutscher Kindertheaterpreis für sein Stück »Krähe und Bär oder: Die Sonne scheint für uns alle«

2014   Kinder- und Jugendhörbuch des Jahres für »Nur 1 Tag«

2014   »Lesekünstler des Jahres«, Auszeichnung des Börsenvereins des Deutschen Buchhandels

2011   Deutscher Jugendliteraturpreis für »Die Geschichte vom Fuchs, der den Verstand verlor«

2011   Silberne Feder für »Die Geschichte vom Fuchs, der den Verstand verlor«

2010   Deutscher Jugendtheaterpreis für sein Stück »Die besseren Wälder«

2008   Rattenfänger-Literaturpreis (mit Zoran Drvenkar) für »Zarah – Du hast doch keine Angst, oder?«

2006   Nominierung Gustav-Heinemann-Friedenspreis für »Ich bin für mich«

2005   Kaas & Kappes Niederländisch-Deutscher Kinder- und Jugenddramatikerpreis für »Der Winterzirkus«

2004   Stipendium Kulturamt Düsseldorf für das Hörspiel »Major dux«

2003	Kaas & Kappes Niederländisch-Deutscher Kinder- und Jugenddramatikerpreis für »Die Überredung«
2002	Nominierung zum Kinder & Jugendbuchpreis für »Der einzige Vogel ...«
2001	Silberner Pädi für die CD-ROM »Sonja und die Reise zum Mittelpunkt der Erde«
2001	Förderpreis für Literatur der Stadt Düsseldorf für »Die Zeichner«

1999	Empfehlungsliste Katholischer Kinderbuchpreis für »Lukas haut ab«
1996	Nominierung für den Max und Moritzpreis, »Bester deutscher Comiczeichner«
1992	Preisträger Ehapa German Comic Open

Homepage von Martin Baltscheit

www.baltscheit.de

INTERVIEW MIT MARTIN BALTSCHEIT: »DER LÖWE ERZÄHLT, ICH SCHREIBE UND ZEICHNE« i.2

Martin Baltscheit über das Schreiben der Löwen-Geschichten.

? *Herr Baltscheit, schwimmen Sie gerne?*

Nein. Nur im Sommer. Wenn es absurd heiß ist und der Pool kalt und sauber.

Und in den Wellen, wenn Wellen sind. Große Wellen an einsamen Stränden.

? *Wie kam es zur Idee zu dem Bilderbuch vom »Löwen, der nicht schwimmen konnte«?*

Ich hatte als Kind immer Angst vor Schwimmbädern und auf der Suche nach neuen Abenteuern für den Löwen stand das sozusagen an.

? *Wie verlief der Erarbeitungsprozess?*

Wie immer. Der Löwe erzählt, ich schreibe und zeichne.

? *Das Figurenarsenal stammt nicht unbedingt aus der Steppe. Wie haben sie die Charaktere ausgewählt?*

Ich wähle da ja nichts aus. Der Löwe ist unabhängig und universal unterwegs. Vieles erlebt er ja auch eigenständig, seitdem er bei mir zu Hause wohnt, und er bringt mit, wen er will.

? *Was ist Ihre Lieblingsfigur des Buchs?*

Immer der Löwe, etwas anderes würde ich nie sagen. Aber wenn er gerade nicht zuhört: Ich mag die Ente und ihren Reim.

? *Und Ihr liebstes Bild?*

Der Löwe im Goldfischglas.

? *Hatten Sie auch ein anderes Ende des Buches im Kopf?*

Nein, die Löwin gibt ja das Ende vor.

? *Gibt es noch mehr Dinge, die der Löwe lernen muss? Wird es noch mehr Bücher über den Löwen geben?*

Er kann auch nicht kochen. Nicht verlieren. Keine Fehler zugeben ... Oh, da gibt es eine Menge.

? *Im Unterschied zur Geschichte vom Löwen, der nicht schreiben konnte, ist diese Geschichte in Reimen erzählt. Wie kam es zu der Entscheidung?*

Seitdem der Löwe lesen kann, reimt er gerne. Das wollten wir gerne zeigen.

? *Welche Maltechniken oder Stile bevorzugen Sie? Wonach richtet sich Ihre Entscheidung?*

Ich habe für den Löwen eine Stilistik entwickelt, die jetzt für ihn bleiben wird. Er will das so und auch ich mag es gerne.

? *An welchem Projekt arbeiten Sie gerade? Worauf dürfen wir uns freuen?*

Ein Buch über einen sprachbegabten Vogel. Einen einsamen Wal und das Buch vom Löwen, der nicht kochen konnte.

Herzlichen Dank, Herr Baltscheit!

Interview: Regine Schäfer-Munro, September 2017

„Der Frosch kennt sich aus"

In der Geschichte kommen viele Tiere vor.

 1. Weißt du noch, in welcher Reihenfolge die Tiere genannt werden? Nummeriere die Bilder.

 2. Schreibe die Tiernamen unter das Bild.

_____   _____   _____

_____   _____   _____

   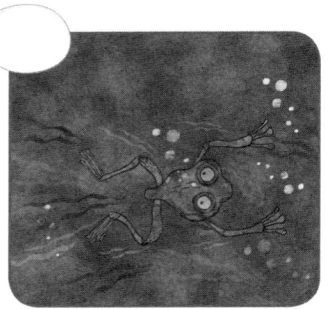

_____   _____

„Nun mach doch" (1)

1. Lies die Sprechblasen.

2. Wer spricht hier? Schneide die Abbildungen aus. Klebe die passenden Figuren neben die Sprechblasen.

3. Schreibe die passenden Tiernamen auf die Linie.

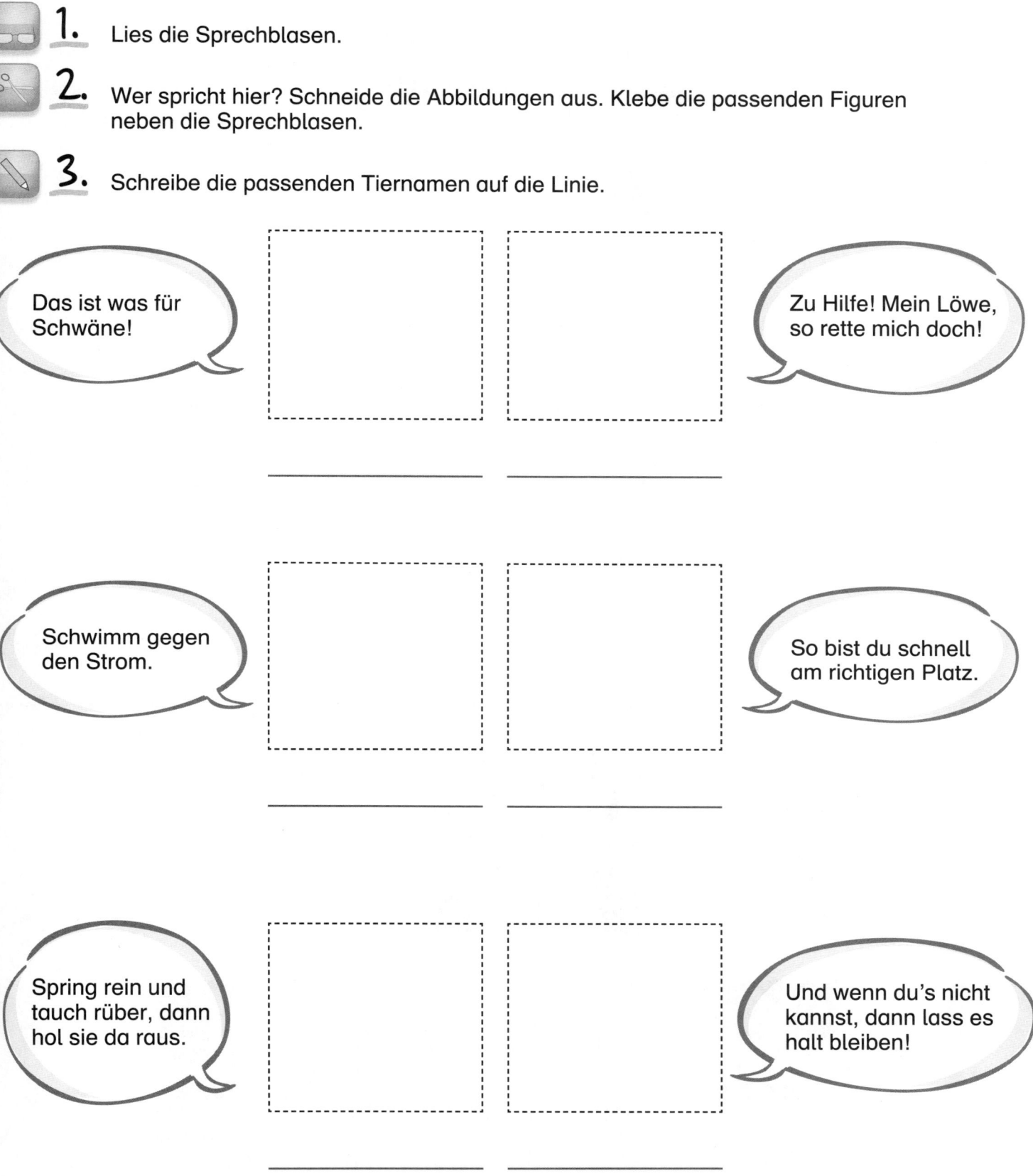

Das ist was für Schwäne!

Zu Hilfe! Mein Löwe, so rette mich doch!

Schwimm gegen den Strom.

So bist du schnell am richtigen Platz.

Spring rein und tauch rüber, dann hol sie da raus.

Und wenn du's nicht kannst, dann lass es halt bleiben!

„Nun mach doch" (2)

✏️ **4.** Hier kannst du noch weitere Sprecher aus dem Buch malen und Sprechblasen für sie schreiben.

✂️

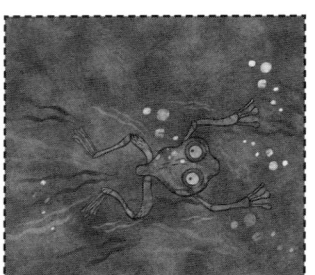

„Ein Krokodil, das lässt sich nur treiben"

1. Viele Tiere wollen dem Löwen helfen. Findest du die neun Tiere in der Wörtersuppe? Suche ► und ▼.

D	I	F	M	E	N	T	E	X
S	P	R	P	F	E	F	R	D
K	R	O	K	O	D	I	L	E
W	A	S	E	V	O	S	J	F
A	D	C	Z	O	B	C	A	L
L	S	H	T	G	A	H	G	O
H	U	N	D	E	N	S	U	H
G	R	I	L	L	E	A	N	C

2. Welche Tiere hast du gefunden, die nicht in der Geschichte vorkommen?

_____

3. Nicht alle Tiere im Buch können schwimmen. Wie bewegen sie sich fort? Schreibe so:

springen · hüpfen · kriechen · fliegen

Der Floh kann _____ .

_____

_____

_____

Das Bilderbuch »Die Geschichte vom Löwen, der nicht schwimmen konnte« © Beltz Verlag · Weinheim und Basel

„Schwimm mit Ruhe"

1. Lies die Ratschläge in der Tabelle.

a) Wer gibt welchen Rat? Schreibe das passende Tier dazu.

Rat	Tier	Bewertung
Reinspringen und rübertauchen		
Rechten Fuß so, linken Fuß so, den Kopf über Wasser und hoch mit dem Po.		
Schwimm mit Ruhe, lass dich treiben.		
Schwimm gegen den Strom. Verlier niemals dein Ziel aus dem Blick.		
Mach einen riesigen Satz, so bist du schnell am richtigen Platz.		
Wenn schwimmen nicht geht, dann flieg.		

b) Welche Ratschläge sind hilfreich? Welche nicht? Male in die Spalte „Bewertung" ☺ bei gutem Rat, ☹ bei schlechtem Rat.

2. Wähle eine der beiden Aufgaben aus. Male und schreibe in dein Heft oder auf ein Blatt.

a) Was würdest du dem Löwen raten?

b) Welches andere Tier könnte dem Löwen noch einen Rat geben? Was sagt es?

* Schreibe in Reimen.

„Der Löwe denkt laut"

Tipp Du kannst auf S. 20 nachschauen.

1. Welche Ideen hat der Löwe selbst, um die Löwin zu retten?

_____

_____

_____

2. Male ein Bild zu einer dieser Ideen und schreibe dazu.

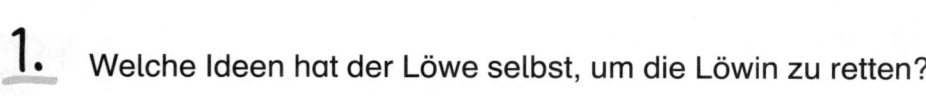

k.6

„Ich brauche ein richtiges Wunder"

1. Die Tiere geben dem Löwen viele Ratschläge.
Was würdest du dem Löwen raten?

_____

_____

2. Der Löwe selbst hat auch einige Ideen. Setze die fehlenden Wörter im Text ein:

Was ich brauche sind _____ ,

was ich brauch ist ein _____ ,

ich brauche ein _____ ,

für die _____ in Not.

Ich brauch eine _____ , _____ und Zunder,

ich glaube, ich brauch ein richtiges _____ .

3. Male in das Feld oder auf ein Blatt, wie der Löwe eine der Ideen umsetzt.
Du kannst auch dazu schreiben.

„Für dich, nur für dich"

1. Die Löwin hat um Hilfe gerufen, obwohl sie schwimmen kann.

Warum hat sie das getan?

Erkläre mit eigenen Worten oder schreibe den Satz ab, in dem sie es erklärt.

_____

_____

_____

_____

2. Findest du die Löwin gemein? Oder ist sie in deinen Augen klug?

Sprich mit einem anderen Kind darüber.

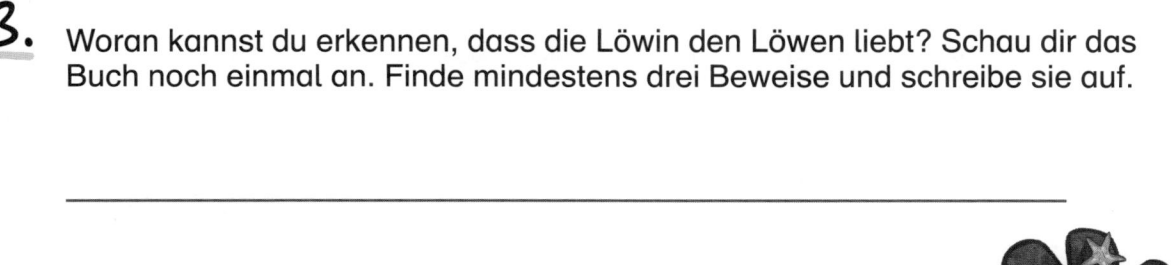

Methode

Think – pair – share:
Überlege zuerst allein, tausche dich dann mit einem Partner aus.
Besprecht die Frage dann in der Großgruppe.

3. Woran kannst du erkennen, dass die Löwin den Löwen liebt? Schau dir das Buch noch einmal an. Finde mindestens drei Beweise und schreibe sie auf.

_____

_____

_____

_____

_____

Reime

1. Die Geschichte ist in Reimform geschrieben.
Suche das passende Reimwort aus dem Text und schreibe es auf.

baden – _____   Hut – _____

Schnee – _____   Flossen – _____

Hand – _____   gemacht – _____

Geige – _____   Mähne – _____

2. Jetzt bist du dran. Finde eigene Reimwörter zu diesen Wörtern.

Löwe – _____

Grille – _____

Fisch – _____

treiben – _____

lesen – _____

Schau genau

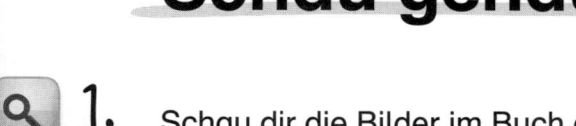

1. Schau dir die Bilder im Buch genau an.

Stimmen die Sätze? Kreuze richtig an.

* Auf welcher Seite findest du das Bild? Trage die Seitenzahl in die Tabelle ein.

	ja	nein	Seite
Die Löwin liest ein Buch.	○	○	
Die Ente trägt eine Mütze.	○	○	
Der Löwe fliegt.	○	○	
Die Grille spielt Geige.	○	○	
Die Schwäne sind weiß.	○	○	
Die Löwin schwimmt.	○	○	

2. Welches Bild gefällt dir besonders gut? Zeichne es ab.

3. Auf einem Bild sind Fingerabdrücke zu sehen.

a) Auf welcher Seite findest du sie? _____

b) Was stellen die Fingerabdrücke dar? _____

Lösungsvorschläge

 1. 1. Löwe, 2. Löwin, 3. Frosch, 4. Ente, 5. Krokodil, 6. Forelle, 7. Floh, 8. Grille

 2./3. Das ist was für Schwäne. – Löwe
Zu Hilfe! Mein Löwe, so rette mich doch! – Löwin
Schwimm gegen den Strom. – Fisch/Forelle
So bist du schnell am richtigen Platz. – Floh
Spring rein und tauch rüber, dann hol sie da raus. – Frosch
Und wenn du's nicht kannst, dann lass es halt bleiben! – Krokodil

 1. Grille, Vogel, Floh, Fisch, Krokodil, Ente, Frosch, Hund, Wal
2. Hund, Wal
3. Der Floh kann springen.
Die Grille kann hüpfen.
Das Krokodil kann kriechen.
Die Ente kann schwimmen.
Der Vogel kann fliegen.

 1./2.

Rat	Tier	Bewertung
Reinspringen und rübertauchen	Frosch	☺
Rechten Fuß so, linken Fuß so, den Kopf über Wasser und hoch mit dem Po.	Ente	☺
Schwimm mit Ruhe, lass dich treiben	Krokodil	☺
Schwimm gegen den Strom. Verlier niemals dein Ziel aus dem Blick.	Forelle	☺
Mach einen riesigen Satz, so bist du schnell am richtigen Platz.	Floh	☹
Wenn schwimmen nicht geht, dann flieg.	Vogel	☹

 1. Er will mit einem Boot zu ihr fahren oder mit einem Flugzeug zu ihr fliegen, eine Brücke bauen oder sich mit einer Rakete zu ihr schießen.

 2. Was ich brauche sind **Flossen**, was ich brauch ist ein **Boot**, ich brauche ein **Flugzeug**, für die **Liebste** in Not. Ich brauch eine **Brücke, Feuer** und Zunder, ich glaube, ich brauche ein richtiges **Wunder**.

 1. „Ich dachte im Frühling, da wär es nicht schad, mein Löwe nimmt endlich auch mal ein Bad."
3. Sie schmückt den Löwen. Sie nimmt den Löwen an die Hand. Sie küsst den Löwen.

 1. baden – Waden, Schnee – See, Hand – Land, Geige – feige, Hut – Mut, Flossen – geschlossen, gemacht – Bedacht, Mähne – Schwäne
2. Beispiele: Löwe – Möwe, Grille – Brille, Fisch – Tisch, treiben – bleiben, lesen – Besen

 1. **ja:** Die Löwin liest ein Buch (S. 7).
Die Grille spielt Geige (S. 22).
Die Löwin schwimmt (S. 31).
nein: Die Ente trägt eine Mütze (S. 12).
Die Schwäne sind weiß (S. 4).
Der Löwe fliegt (S. 21).